VIDA DE BEIJA-FLOR

Neide Simões de Mattos **Suzana Facchini Granato**

Conforme a nova ortografia

FICHA CATALOGRÁFICA
Dados Internacionais de Catalogação na Publicação (CIP)
(Câmara Brasileira do Livro, SP, Brasil)

Mattos, Neide Simões de
　　Vida de beija-flor / Neide Simões de Mattos,
Suzana Facchini Granato. — São Paulo : Formato
Editorial, 2012.
　　ISBN 978-85-7208-771-1
　　ISBN 978-85-7208-772-8 (professor)
　　1. Literatura infantojuvenil I. Granato, Suzana
Facchini. II. Tomotani, Barbara. III. Título.

12-01565　　　　　　　　　　　　　　　　　　CDD-028.5

Índices para catálogo sistemático:
1. Literatura infantil　028.5
2. Literatura infantojuvenil　028.5

VIDA DE BEIJA-FLOR

Copyright © Neide Simões de Mattos e Suzana Facchini Granato, 2011

Gerente editorial　Rogério Carlos Gastaldo de Oliveira
Editora-assistente　Andreia Pereira
Auxiliares de serviços editoriais　Rute de Brito e Mari Tatiana Kumagai
Estagiário　Daniel de Oliveira
Preparação de texto　Tássia Gomes Santana
Pesquisa iconográfica　Cristina Akisino (coord.) / Márcia Alessandra Trindade Galvão
Imagem de capa　Fabio Colombini

Projeto gráfico e diagramação　Arlete R. Braga

Impressão e acabamento　Prol Editora Gráfica

Direitos reservados à SARAIVA S.A. Livreiros Editores
Rua Henrique Schaumann, 270 – Pinheiros
05413-010 – São Paulo – SP

SAC　0800-0117875
　　　De 2ª a 6ª, das 8h30 às 19h30
　　　www.editorasaraiva.com.br/contato

Proibida a reprodução total ou parcial desta obra
sem o consentimento por escrito da editora.

1ª edição
2ª tiragem, 2014

960029.001.002

Que lindos são os beija-flores! São aves muito conhecidas e admiradas, chamando a atenção por suas brilhantes plumagens coloridas e seus pequenos tamanhos. Entre eles encontram-se as menores aves do mundo.

Fabio Colombini

O voo dos beija-flores é muito gracioso. Eles se deslocam para a frente e para trás, para cima e para baixo e também para os lados. Ainda, são capazes de ficar parados no ar, batendo as asas numa grande velocidade. É o voo de equilíbrio ou de libração.

Barbara Tomotani

Os beija-flores têm esse nome porque voam de flor em flor para se alimentar do néctar, líquido açucarado que as flores produzem. O bico é longo e fino, próprio para essa coleta, e serve, também, para apanhar insetos no ar ou nas flores que visitam.

Essas aves são corajosas, pois enfrentam e perseguem outras bem maiores, como os gaviões. Também não têm medo das pessoas, deixando que elas se aproximem bastante. Podem ser observadas em volta das casas e frequentando jardins e pomares.

Os beija-flores gostam de banho de chuva e aproveitam respingos de cachoeiras, chafarizes, esguichos e até regadores. Quando o tempo esfria, ficam imóveis, e a temperatura do corpo diminui bastante. É o chamado estado de torpor.

Muitos são os tipos de beija-flor. Os maiores, como o tesourão e o rabo-branco, têm cauda mais longa que o corpo. Outros, como o beija-flor-branco-e-preto e o tesoura-de-fronte-violeta, têm cauda curta.

Rabo-branco
Phaethornis pretrei

Beija-flor-branco-e-preto
Melanotrochilos fuscus

Tesoura-de-fronte-violeta
Thalurania glaucopsis

Tesourão
Eupetomena macroura

Bandeirinha
Discosura longicauda

Já o bandeirinha, como o nome diz, tem duas "bandeirinhas" na cauda.

Besourinho-do-bico-vermelho
Chlorostilbon aureoventri

Tesourinha
Calliphlox amethystina

Topetinho-vermelho
Lophornis magnífica

Os menores dentre eles, como o besourinho-do-bico-vermelho, o tesourinha e o topetinho-vermelho, têm nomes de acordo com as características que apresentam.

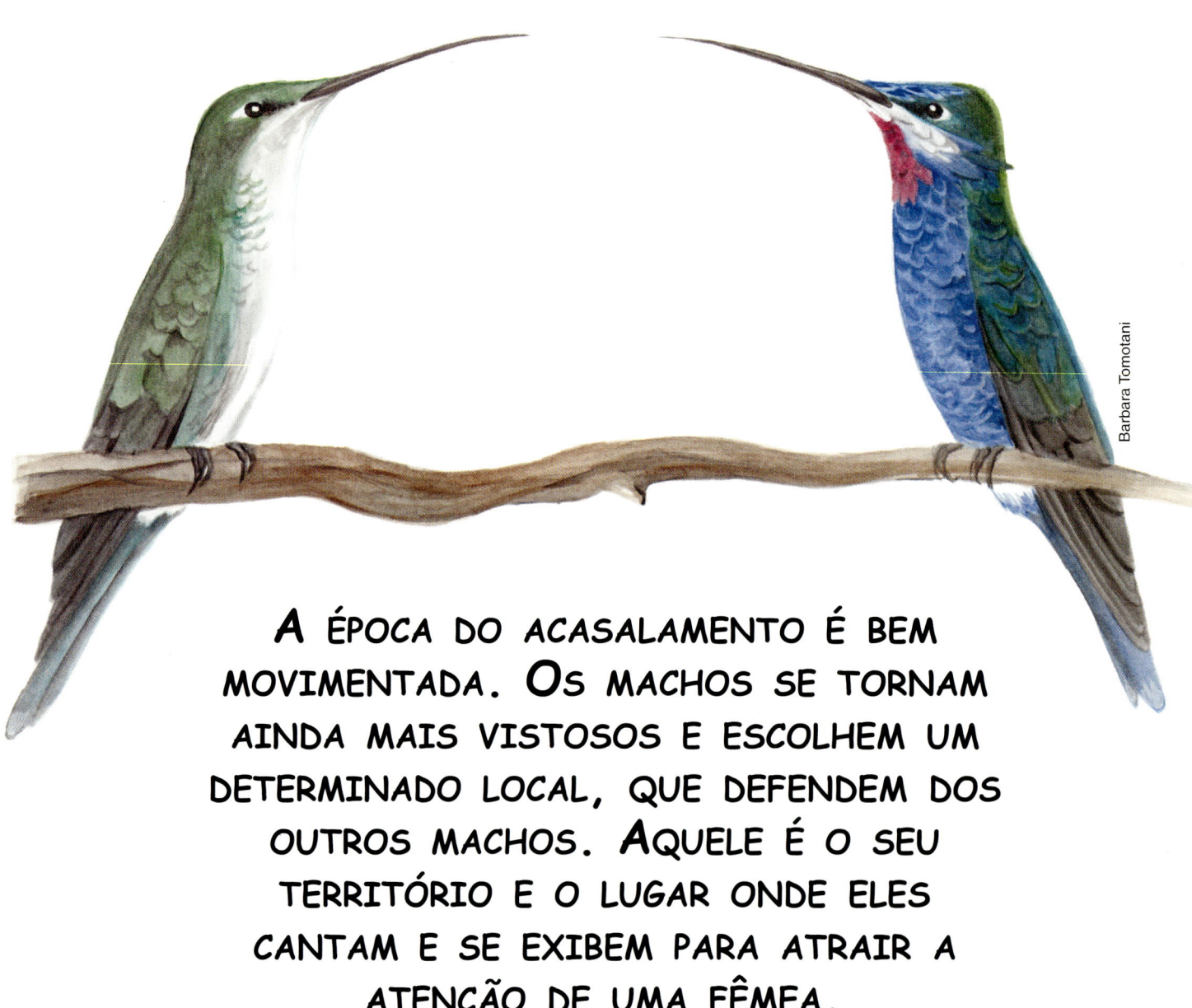

A época do acasalamento é bem movimentada. Os machos se tornam ainda mais vistosos e escolhem um determinado local, que defendem dos outros machos. Aquele é o seu território e o lugar onde eles cantam e se exibem para atrair a atenção de uma fêmea.

Formado o casal, começam os voos nupciais. Cada tipo de beija-flor tem o seu estilo.

O casal de beija-flor-branco-e-preto voa junto, subindo em zigue-zague e descendo rápido, de uma só vez.

Já o topetinho-vermelho macho realiza voos rasantes ao redor da fêmea pousada num galho.

Depois do acasalamento, o macho se afasta, e a fêmea começa a preparar o ninho. Trabalhando com o bico e os pés, ela entrelaça fiapos de raízes e talos vegetais, paina, musgo e outros materiais macios. Tudo é colado com saliva e amarrado com fios de teias de aranha.

Os ninhos são minúsculos e leves e podem ter a forma de uma tigelinha ou de um funil. Os afunilados são construídos em estruturas pendentes como folhas, talos de capim ou raízes em barrancos. Os que têm formato de tigela são apoiados firmemente em galhos ou forquilhas de árvores e arbustos.

A fêmea bota dois ovinhos brancos, do tamanho de grãos de feijão, e o tempo do choco varia de 12 a 15 dias. Os filhotes nascem nus ou com uma penugem bem rala. Eles vão ser aquecidos e alimentados pela mãe com uma massa formada por uma mistura de insetos, aranhas e néctar.

As penas crescem em três semanas e, então, os filhotes conseguem sair do ninho. Mas, por vários dias, eles ainda permanecem nas proximidades. Com apenas 1 mês de idade, estão prontos para ir embora. Já nascem sabendo como cuidar sozinhos da própria vida.

Meu nome é Suzana Facchini Granato.
Sou bióloga e professora.
Nasci e vivo em São Paulo, mas adoro
fugir daqui para lugares onde haja uma natureza
vibrante e muito bicho.
Nosso planeta, a Terra, está precisando de gente que cuide dela
com mais carinho! Para isso, é preciso conhecer melhor seus
ambientes e os seres que neles vivem.
Eu e a Neide já escrevemos muitos livros juntas.
Esperamos, com isso, mostrar para vocês, crianças,
como a natureza é linda e merece ser cuidada.
Tomara que vocês gostem deste livro!

Sou Neide Simões de Mattos, professora aposentada.
Estudei Biologia para conhecer melhor
o que existe na natureza e como ela funciona.
Continuo estudando e aprendendo cada vez mais.
Gosto de escrever para mostrar a vocês o que sei
e como é importante esse conhecimento.
Dependemos do nosso ambiente natural e de todos
os seres que nele existem.
Espero que vocês não só apreciem a natureza,
mas se tornem, também, protetores dela.